LA RÉVISION

DE LA

CONSTITUTION

PAR

EDMOND SCHERER

SÉNATEUR

Amara salutifera.

UN FRANC

PARIS

LIBRAIRIE NOUVELLE

15, BOULEVARD DES ITALIENS, 15

1882

LA RÉVISION

DE LA

CONSTITUTION

LA RÉVISION

DE LA

CONSTITUTION

PAR

EDMOND SCHERER

SÉNATEUR

Amara salutifera.

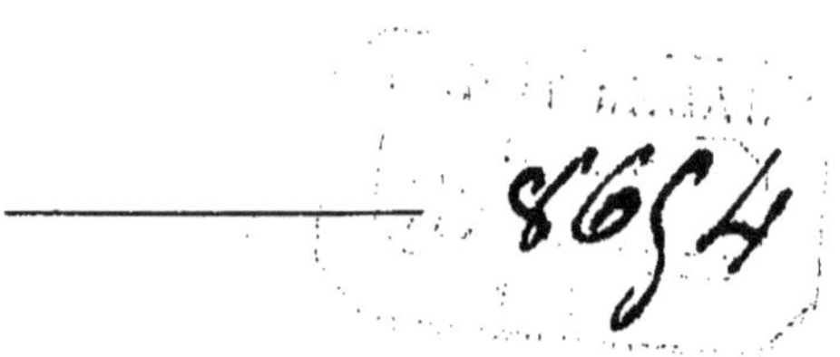

PARIS

LIBRAIRIE NOUVELLE

15, BOULEVARD DES ITALIENS, 15

—

1882

LA RÉVISION

DE LA

CONSTITUTION

Celui qui écrit ces pages ne le cède à personne dans son attachement à nos présentes institutions. S'il n'a aucun droit au titre de républicain de la veille, il s'est persuadé qu'après l'empire et la guerre, après tant d'essais monarchiques et de révolutions, il n'y avait plus de place en France que pour une République. Le lendemain du jour où l'armée allemande autorisait les élections de février 1871, et rendait la liberté de la presse aux territoires occupés, il écrivait dans un journal de Versailles : « La France est en république, et il faut qu'elle y reste. » Candidat aux élections complémentaires du mois de juillet de la même année, ma profession de foi n'était pas moins explicite : « J'estime, y disais-je, que tous nos efforts doivent tendre à faire de la République le gouvernement définitif de la France. » Devenu membre de l'Assemblée nationale, et, plus tard, du Sénat, je n'ai cessé de me joindre à tout ce qui s'est fait pour établir et affermir le régime républicain, de m'opposer à toutes les tentatives des partisans de la monarchie pour ramener le pays à cette forme de gouvernement.

J'ajoute que je n'ai jamais regretté et que je ne regrette rien de l'humble part que j'ai eue à l'établissement de la république et de la constitution de 1875. Si la chose était à refaire je la referais. Je n'y mettrais aucune hésitation, parce que j'estime que la politique a pour premier devoir de s'attacher aux choses possibles. Or les éléments d'une monarchie me semblent faire défaut à la France. La monarchie ne pourrait y être que la dictature, ou le retour à la royauté historique et par conséquent à la royauté dynastique. Mais la société moderne n'accepte la dictature que comme remède à l'anarchie, et ne la supporte que pour un temps, jusqu'à ce qu'elle se sente assez rassurée pour en secouer de nouveau la dégradante tutelle. Quant à la royauté, elle n'a plus de racines dans notre sol. La royauté conserve sa signification et par conséquent sa légitimité là où elle sert de lien entre le passé et le présent. Il est des peuples qui, dans la dynastie de leurs souverains, retrouvent et respectent le souvenir des vicissitudes qu'ils ont traversées ensemble. Leur monarchie devient pour eux cette conscience historique qui est aux nations ce qu'est à l'individu le sentiment de son identité personnelle. Mais je le demande aux esprits sincères : la royauté ainsi comprise est-elle possible dans un pays tel que le nôtre, qui a pris plaisir à briser ses traditions et met son orgueil à ne vouloir dater que d'hier? Je le dis avec le regret d'un homme qui attache quelque importance aux traditions et aux transitions : les conditions morales de la vie manquent chez nous à la royauté ; elle n'y a plus eu depuis la Révolution, et elle ne saurait plus y avoir qu'une existence factice et par conséquent éphémère.

Ce qui précède n'était pas inutile à marquer. Je devais commencer par faire comprendre qu'en parlant de la République, je n'en parle ni en adversaire ni en étranger. Je suis de la maison. Si je prends la plume, c'est que je crois voir compromise l'œuvre à laquelle nous avons, mes coreligionnaires politiques et moi, travaillé pendant plusieurs années, à laquelle notre vie publique est liée, et au sort de laquelle, on nous l'accordera, nous avons le droit de ne pas rester indifférents. Je dis plus. La République, pour un Français, se confond aujourd'hui avec la patrie, et comment refuserait-on à un citoyen la permission d'élever la voix lorsqu'il a lieu de craindre que la patrie ne souffre quelque dommage?

Les dernières élections ont mis la révision de la constitution à l'ordre du jour et cette question divise en ce moment l'opinion. L'agitation qui s'est produite à ce sujet n'en est pas moins artificielle. Il ne saurait y avoir de doute à cet égard pour quiconque a observé comment la discussion a surgi. L'histoire en est curieuse. Elle fait voir ce que sont nos mœurs électorales; elle jette en même temps une lumière inattendue sur le fonctionnement de nos institutions et sur la condition politique du pays.

Il y a quelques mois qu'on ne savait trop à quel mot d'ordre s'arrêterait le parti avancé dans les élections qui allaient se faire. Les passions anticléricales étant encore émues d'une lutte récente, on pouvait croire que les chefs du mouvement pousseraient à la suppression du budget des cultes. Les événements de Tunisie ayant réveillé la répugnance des populations pour l'obligation de porter les armes, il y avait un avantage évident pour les chercheurs de popularité à diriger la campagne contre la durée du service militaire. On en était là, tâtant le terrain, lorsque deux votes du Sénat mirent fin aux hésitations. Le Sénat avait fait échec en deux circonstances à la Chambre des députés. Il avait repoussé le scrutin de liste sans même le discuter, et il avait introduit dans la loi de l'enseignement obligatoire des amendements que l'autre Chambre n'avait pas cru pouvoir accepter, et qui avaient par conséquent entraîné le rejet du projet tout entier. Le premier de ces votes du Sénat trouvait une excuse dans les divisions que le scrutin de liste avait fait naître sur les bancs mêmes des députés. Pour le second, celui qui s'était produit dans la question de l'enseignement, il n'avait eu lieu qu'à une faible majorité, après toute une série de défaites infligées au parti clérical, et il y avait toute raison de penser que le Sénat s'empresserait de se déjuger dès que le gouvernement lui en fournirait l'occasion. Ces votes de la Chambre haute n'en excitèrent pas moins une grande irritation dans l'autre Chambre. Au grief que le parti républicain presque tout entier trouvait dans l'échec d'un principe qui le passionne, la sécularisation de l'enseignement, se joignait, pour le groupe si important des amis de M. Gambetta, un grief en quelque sorte personnel, vu l'intérêt particulier que ces hommes politiques attachaient à la modification de la loi électorale. Le Sénat s'était donc fait des ennemis sur tous les bancs, les reproches lui vinrent de tous les côtés à la fois, et les menaces se mêlèrent aux reproches. Telle fut l'animosité qu'on vit se tourner contre ce corps de l'État ceux-là mêmes qui avaient jusque-là

professé pour lui le plus de respect, et parler
de révision des écrivains qui, la veille encore, ap-
plaudissaient à un discours dans lequel M. Gambetta avait écarté toute idée de modifier la constitution. On en était là quand parut le décret qui
fixait les élections au 21 août. Dès lors, plus d'hésitation ; le mot d'ordre de la campagne qui
s'ouvrait était trouvé ; c'est le Sénat qui allait faire
les frais de l'agitation électorale, c'est la révision
qui allait prendre la place d'honneur parmi les
engagements spontanément pris par les candidats
fervents ou impérieusement dictés aux candidats
timides.

La question de la révision n'est donc point sortie
d'un besoin senti et conscient du pays ; elle n'est
affaire que de réunions publiques et de journaux. On
en trouverait la preuve au besoin dans les raisons
mêmes alléguées en faveur de la thèse révisionniste. Ces raisons ne supportent pas l'examen. Ce
ne sont pas des motifs, ce sont des prétextes. Je
suis d'autant plus à mon aise pour parler des deux
votes reprochés au Sénat que je me suis trouvé les
deux fois dans la minorité, et que sur les deux
lois dont il s'agissait j'avais une opinion pronon-
cée. Mais, enfin, on ne condamne pas un corps
parce qu'il a commis une erreur ; on n'argue pas

contre son existence d'un vote, c'est-à-dire d'un fait particulier ; on regarde au but et au caractère de l'institution. Les adversaires du Sénat se scandalisent de sa résistance à des décisions de la Chambre comme si sa fonction n'était pas le contrôle et par conséquent, le cas échéant, la contradiction. Ils s'indignent de ne l'avoir pas trouvé docile, sans réfléchir que s'il l'était il ne serait plus que la doublure de l'autre assemblée et qu'il perdrait sa raison d'être. Ils condamnent ses résolutions, et, ils en ont cent fois le droit; il en est, je le répète, que j'ai regrettées autant que personne ; seulement je me dis qu'en faisant le Sénat on n'a pas eu apparemment la prétention de le faire impeccable. Passe, d'ailleurs, s'il était impénitent, incorrigible, fermé à tout, mais le Sénat, dans le cours de la dernière session, avait justement manifesté une possession de lui-même que l'opinion la plus prévenue avait été obligée de reconnaître. En plusieurs circonstances, et dans la discussion même sur l'enseignement obligatoire, il avait repoussé avec une résolution persévérante les efforts du parti religieux pour entamer le principe de la loi. Le Sénat n'a pas cessé depuis qu'il existe de se modifier dans un sens libéral. De réactionnaire et monarchique qu'elle était naguère, la majorité y est devenue républicaine. Un renouvellement partiel a suffi pour faire ainsi pencher la balance, et un second renouvellement, qui va s'opérer dans quelques semaines, promet de modifier d'une façon

encore plus décisive les tendances de l'assemblée.
On le voit, il n'est pas un des chefs d'accusation
articulés contre elle qui ne sonne faux et ne
trahisse le parti pris. Les arguments pour la révision de la constitution en l'article de la Chambre
haute, n'ont de sens que dans la bouche de ceux
qui réclament la suppression du Sénat; sur les
lèvres de ceux qui ne vont pas jusque-là ce sont
des arguties destinées à satisfaire quelque aigreur,
à excuser quelque faiblesse, ou à déguiser quelque
embarras.

La futilité des griefs allégués contre le Sénat est
si bien sentie de ceux-là mêmes qui en font le
plus de bruit, qu'ils cherchent à les renforcer par
des considérations théoriques. La loi constitutive
du Sénat offre des anomalies qu'il importe de
faire disparaître. Pourquoi deux sortes de sénateurs, d'un côté soixante-quinze membres inamo-
vibles, et, de l'autre, deux cent vingt-cinq membres
élus pour neuf ans? Et pourquoi neuf ans, tandis
que les députés ne sont nommés que pour quatre?
Mais ce qui révolte le plus ces théoriciens, c'est
le fait que les communes, dans le collège électoral chargé de nommer les sénateurs, sont consi-
dérées comme des personnes morales au lieu

d'être traitées comme des agglomérations de population, et qu'elles n'ont chacune qu'un délégué à nommer malgré la différence considérable du nombre d'habitants entre la ville et le village. On devine, sans que j'aie besoin d'en donner des exemples, à quels développements donne lieu une assimilation si choquante. Que de fines plaisanteries sur les communes infimes et dont le nom prête à rire! Que de sonores appels à la majesté des principes! Tout cela, je suis bien obligé de le constater, non sans effet. Car c'est sur ce point de la proportionnalité numérique des électeurs primaires que se sont tout d'abord déclarées les concessions.

Je soupçonne le radicalisme d'avoir quelque peu ri en sa barbe en voyant le succès de sa tactique. Sa façon de procéder est toujours la même. Le radicalisme lance une proposition à laquelle personne ne pensait la veille, et à l'énoncé de laquelle tout le monde commence par lever les épaules de pitié ou par se signer d'effroi. Peu à peu, cependant, et à force d'en entendre parler, l'accoutumance se fait. On se laisse aller à discuter la mesure qu'on croyait d'abord pouvoir écarter par le dédain ou la colère. On échange les raisonnements et, comme on s'est laissé entraîner dès le début sur le terrain de discussion qu'ont choisi les auteurs du projet, on sent assez vite que l'on n'a rien de bien valable à leur opposer, et l'on finit par traiter, par se rabattre sur des questions de plus ou de moins, par se rallier à quelque moyen terme dont le radicalisme sera peut-être forcé de se contenter aujourd'hui, mais dont il se servira demain pour avancer ses ouvrages, resserrer l'investissement de la place, et emporter, enfin, une position virtuellement livrée le jour où on l'a laissé entamer.

C'est dire que le modéré a, lui aussi, sa tactique ; seulement c'est la tactique de la retraite. Plus il l'a pris de haut, le premier jour, avec les propositions radicales, plus vite il se lasse de la lutte lorsqu'il s'aperçoit que ses airs d'indignation n'ont pas suffi à exorciser l'ennemi de son repos. C'est alors qu'il se demande s'il ne serait pas plus sage de s'en tirer par un sacrifice. Il serait si agréable de débarrasser la politique de cette épine, la voie de cet obstacle. On priverait l'adversaire de ses meilleurs arguments, on en finirait avec des débats irritants, on pourrait revenir ensuite aux véritables affaires, aux questions pratiques et utiles !

Gardons-nous, enfin, de l'oublier : il y a des habiles aussi bien que des naïfs dans les rangs de ceux que les questions importunent et qui cherchent à s'en délivrer à tout prix. Le républicain qui se sent distancé par le radicalisme et qui tient pourtant à la popularité, qui désire garder son bon renom démocratique et en même temps rester en passe d'arriver au pouvoir, celui-là, est singulièrement ennuyé des nouveautés qu'on lui jette tout à coup dans les jambes, et sur lesquelles il ne peut se

prononcer sans risquer de compromettre, ou sa
considération auprès des avancés du parti, ou sa
position comme candidat à des fonctions respon-
sables. Comment s'étonner dès lors que ces hommes, d'une ambition d'ailleurs légitime, et, au
fond, d'un sens gouvernemental assez juste, s'em-
pressent, à leur tour, de demander qu'on partage
le différend ? Il arrive même que ce sont ceux-là,
les politiques traversés dans leur propos, qui se
montrent les plus bruyants à réclamer des concessions dont ils se seraient si bien passés. Ils limi-
tent la proposition originale, ils n'en retiennent
qu'un ou deux articles, mais, ces articles, ils en
font un état ! Ils y concentrent un appareil de raisonnements ! Ils nous promettent avec tant d'assurance l'âge d'or pour le jour où l'on aura enlevé
ce caillou du chemin ! Excellents citoyens, d'aspi-
rations honorables, je le répète, de sentiments pa-
triotiques, et dont l'excuse est qu'ils ne se doutent
pas du service qu'ils rendent à la Révolution. Ils sont,
sur l'échiquier politique, la principale pièce de son
jeu. Ils remplissent le rôle si important d'intermé-
diaires entre le parti niveleur et le gros public. Le
gros public n'écouterait à rien si les gens suspects
étaient seuls à parler de changer la Constitution,
mais il s'accoutume à l'idée de la revoir en quel-
ques-unes de ses parties lorsque des journaux d'une
modération relative lui répètent tous les matins que
la logique le veut ainsi, et que, du reste, les concessions une fois faites, on en reviendra pour

toujours à la paisible jouissance de nos institutions.

Ce dernier argument a, en vérité, l'air d'une ironie quand on se rappelle l'avoir entendu, il y a si peu de temps encore, à l'occasion de l'amnistie. Avec quelle chaleur on démontrait alors que cet acte de clémence et d'oubli était la seule chose qui divisât les républicains, la seule difficulté qui fît obstacle à l'union des efforts, à la marche régulière des affaires, à la félicité de la nation. Avec quelle impatience, pour ne pas dire quel dédain, on écoutait les objections de ceux qui ne se rendaient pas du premier coup à ces affirmations, mais rappelaient qu'il y aura toujours des questions pour alimenter les rivalités et exciter les ardeurs. Il y a de cela quinze mois, et l'on nous recommande la révision du même ton dont on nous recommandait le rétablissement des membres de la commune dans leurs droits politiques. C'est si peu de chose et tout ira si bien ensuite ! On sera si fort à l'avenir pour résister à de nouvelles exigences !

Je n'ai garde de méconnaître ce qui donne quelque couleur à la thèse des concessions. Des concessions, est-ce que les affaires humaines n'en exigent pas sans cesse ? Est-ce que la politique est autre chose qu'une perpétuelle transaction, et par conséquent un perpétuel abandon des positions occupées ? Est-ce que le compromis entre le fait et l'idée, le sacrifice de ce qui est à ce qui doit être, n'est pas la loi même du mouvement des sociétés? Tout cela, je l'accorde, et sans balancer. Je suis à cent lieues de me faire l'avocat de la politique de résistance. Je ne connais rien de plus vain, voire de plus dangereux. Il suffit d'avoir épelé dans le livre de l'histoire, en particulier de l'histoire contemporaine, pour en rester convaincu. Je rappelle seulement que l'histoire a des exemples non moins éloquents du péril qu'il y a à ne pas savoir résister ou à ne pas résister à temps. S'il est des monarchies qui ont sombré pour n'avoir point accepté des réformes devenues nécessaires, il est aussi des révolutions qui se sont dévorées elles-mêmes, incapables qu'elles étaient de se modérer. De sorte qu'il n'existe point à cet égard de principe fixe. Il y a des occasions où un gouvernement doit céder et d'autres où il doit se mettre nettement en travers et dire non. Il y a même des questions dont le jour ne doit jamais venir parce qu'elles n'ont que l'apparence de la raison et du progrès. La partie supérieure, la partie divine de la politique consiste précisément à distinguer quelles sont les réformes qui répondent à un besoin réel et actuel de la société, celles qui doivent être

ajournées et celles, enfin, qui doivent être résolu-
ment éconduites.

Il est une chose, dans tous les cas, à laquelle
l'homme politique ne saurait jamais se prêter,
c'est le déplacement des questions. Or le débat
sur la révision n'est pas autre chose. On poursuit
le bien, le mieux, là où on ne peut le trouver. On
se livre de grandes batailles pour un résultat dont
personne ne s'est donné la peine de rechercher
la valeur. Je ne dissimule pas le découragement
que j'éprouve, le sentiment d'isolement moral qui
me gagne, lorsque je vois de bons esprits discuter
les concessions qu'il convient de faire aux révisionnistes, sans s'apercevoir que l'erreur consiste
précisément à se placer dans cet ordre d'idées et
de préoccupations. Le danger, ce n'est pas un
changement quel qu'il soit dans le mode d'élection des sénateurs ou dans les attributions de la
Chambre haute, ce n'est pas la suppression de
l'inamovibilité d'une partie de ses membres, ce
n'est pas même l'opinion qui ne veut ni Sénat ni,
en général, de seconde Chambre, — le mal, le
danger, c'est la superstition des constitutions
écrites.

Cette superstition, malheureusement, tient à des
ravers invétérés de l'esprit national. Nous avons

le goût des abstractions et par suite des formules,
parce que nous sommes un peuple très ignorant
et que nous sommes brouillés avec l'histoire.
Faute de ces éléments concrets de la vie d'une
nation que lui fournit sa tradition, violemment
détachés de tout notre passé par la révolution, il ne nous reste que la raison, la raison
ou, ce qui n'est pas du tout la même chose,
le raisonnement. De là notre confiance exagérée
dans les déductions politiques et dans les textes
législatifs. Nous croyons avoir émancipé le genre
humain quand nous avons décrété les droits de
l'homme et du citoyen. Nous croyons avoir doté
la France de tous les biens quand nous avons ré-
digé un pacte fondamental. En vain l'expérience
nous a-t-elle montré que ces rédactions ignoraient
d'ordinaire l'art de prendre racine dans les affec-
tions des masses ; en vain les constitutions se sont-
elles succédé avec une rapidité singulièrement hu-
miliante pour ceux qui s'étaient flattés d'y dé-
poser le dernier mot de la sagesse humaine : notre
foi dans la vertu des contrats sociaux n'en a pas
été ébranlée et nous avons continué à chercher la
cause de nos maux dans les défauts de nos institutions écrites.

Ajoutez que la passion de l'écrit a une cou-
sine germaine, la manie de la conséquence, de
la simplification et de la symétrie. La loi fonda-
mentale ne doit pas seulement être rationnelle, elle
doit être rigoureuse comme un théorème et régu-

lière comme une figure de géométrie. On veut
arriver à une formule suprême à laquelle il n'y
ait plus rien à redire, sur laquelle aucune objec-
tion ne puisse plus mordre. On poursuit la Constitution absolue, et une fois à la recherche de
l'absolu, on fait terriblement de ruines le long du
chemin !

Il est juste de reconnaître que la plupart des
révisionnistes ne se doutent pas des entraînements,
des fatalités de la route dans laquelle ils s'enga-
gent et cherchent à nous engager avec eux. Ils
n'ont pas l'air de se douter qu'après l'indépendance
du Sénat, son existence viendra infailliblement en
discussion, et après l'existence du Sénat celle de
la présidence de la République. Le principe démocratique arrive très vite à l'assemblée unique, per-
manente, souveraine, liée par des mandats impé-
ratifs, soumettant ses votes à la ratification des
assemblées primaires et gouvernant au moyen de
comités exécutifs tirés de son sein. Et il ne faut
point s'en étonner, car, à prendre la raison pure
et la conséquence rigoureuse pour règle des affaires humaines, c'est bien jusque-là qu'il faut aller.
Si même on s'y arrête, c'est qu'il y a impossibilité
d'aller plus loin. A moins de trouver le moyen de
faire voter et gouverner directement la nation,
force est bien de se contenter de la Convention.
Arrivé à ce point, on peut donc faire comme
l'Eternel après la création, se reposer et contem-
pler son image dans le produit de la raison sou-

veraine. Reste à savoir comment la machine fonc-
tionnera ; mais non, en douter serait un blas-
phème. Ce qui est rationnel pourrait-il ne pas
être applicable ? Ce qui est logique pourrait-il se
trouver absurde ? La noble passion de correction
et d'idéal pourrait-elle aboutir à l'impuissance et
au ridicule ?

Encore une fois, l'ennemi, le danger, le voilà.
Le péril, c'est de se laisser entraîner à des débats
sur le plus ou le moins de concessions à faire
au besoin de perfectionner des rédactions. La
tristesse, la mortelle tristesse pour les esprits
politiques, c'est que personne ne se lève au mi-
lieu de nous pour protester contre la manière
dont les partis s'accordent à poser les questions.
J'ose à peine dire à quel point, pour ma part, ces
soucis de correction abstraite en matière de constitution me paraissent stériles et puérils, étrangers
à la virilité politique. Je me demande s'il y a en
vérité de salut à espérer pour la France aussi
longtemps qu'elle n'aura pas reconnu l'extrême
enfantillage de ces « dadas » constitutionnels, et
combien c'est une pitié de voir un grand peuple
lâcher ainsi perpétuellement la proie pour l'ombre.

Je me défie des thèses exagérées. Je n'ai garde de
mettre en suspicion, comme faisait De Maistre, une
constitution par cela seul qu'elle est écrite, ou
d'exclure *a priori* toute réforme d'un pacte fondamental. Je n'ignore pas que les institutions d'un peuple

finissent toujours par avoir besoin de changements, et qu'il est bon, par conséquent, que la porte reste ouverte aux révisions. Mais il est quelque chose de plus nécessaire encore, c'est de n'attacher qu'une importance relative à ces changements, et de ne faire appel que dans les cas extrêmes aux pouvoirs constituants établis par la loi. La meilleure Constitution n'est pas la plus irréprochable, c'est celle qui va le mieux au peuple pour lequel elle a été faite, celle dont il a pris l'habitude par l'usage, celle qu'il s'est adaptée, appropriée par la pratique. La confiance superstitieuse que nous mettons dans les formes vient de la défiance que nous avons de l'opinion, et cependant, que sont les formes, dans un pays libre, en comparaison de la souveraineté de l'esprit public? Un pays dans lequel, grâce aux franchises de la discussion, la vie politique circule avec activité, dans lequel l'échange des idées est facile et rapide, ce pays ne risque guère d'être gêné par sa Charte. Il la façonne sans cesse à son image. Il corrige continuellement la lettre par l'esprit qu'il y introduit. Que lui importe que ses sénateurs ne reçoivent pas tous leur mandat de la même manière, que les proportions numériques ne soient pas observées dans la désignation des élec teurs du premier degré, ou même qu'un confli puisse se produire entre les deux Chambres? L'opinion publique ne trouvera-t-elle pas dans les obstacles l'occasion de prendre plus pleinement conscience d'elle-même, et ne s'imposera-t-elle pas

avec une force irrésistible le jour où elle sera sûre
de ce qu'elle veut?

———

Je sais bien que les partisans des concessions ont
un dernier argument et qui répond à tout. Ils in-
voquent le suffrage universel. Le suffrage universel
s'est prononcé aux dernières élections, en faveur
de la révision, et quand le suffrage universel a
parlé, qui oserait s'inscrire en faux contre ses ar-
rêts? Ceux qui parlent ainsi ne font pas attention
qu'ils méconnaissent eux-mêmes et sans cesse la
souveraineté des décisions populaires. Que font-
ils lorsqu'ils s'attaquent, par exemple, avec tant de
vivacité au scrutin d'arrondissement, alléguant que
ce mode de votation ne permet pas au pays d'exprimer ses véritables sentiments, et se plaignant
que l'intérêt de clocher l'emporte dans ce système
sur les besoins généraux et les vues politiques ?
Ne reconnaissent-ils pas, par ce langage, qu'il n'est
point indifférent de savoir comment le suffrage universel a été consulté, et que son autorité, par conséquent, comporte les réserves et les distinctions?
Il en est de même toutes les fois que l'on se
permet de critiquer un vote de la Chambre, car les
votes de la Chambre ne sont en définitive que les
votes de la nation s'exprimant par ses mandataires,
et l'on ne peut contester le bien-jugé d'un scrutin

sans admettre que le mandant peut se tromper.

Il serait temps, en vérité, de laisser de côté l'espèce de superstition avec laquelle on a pris l'habitude de parler des votes du pays. Le suffrage universel est une institution en faveur de laquelle il y a d'excellentes raisons à donner, et celle-là surtout, qu'avec cette manière de consulter la France on a du coup atteint le fond ; il n'y a plus rien à demander de plus. Mais le suffrage universel n'est pas pour cela un dogme, il ne constitue pas une religion, et il n'est pas nécessaire, pour accepter ses décisions, de tenir la voix du peuple pour la voix de Dieu. Le suffrage universel partage la condition de toutes les choses humaines ; il a ses imperfections, il vaut ce que valent les citoyens auxquels il met un bulletin de vote dans la main, ignorant et capricieux si les populations sont mobiles et ignorantes. Je n'ai jamais pu oublier l'histoire d'un homme de peine qui travaillait chez moi et qui ne savait pas lire. Comme il passait dans la rue, un jour d'élection, se rendant au scrutin et tenant son bulletin à la main, on lui demanda pour qui il allait voter. Le bonhomme n'en savait rien ; on lui avait remis, disait-il, son bulletin, et il le portait au bureau de sa section. Voilà un électeur qui ne saura quel a été son propre suffrage qu'au jour du jugement dernier ! Et les votes imposés, les votes achetés, les votes de colère ou d'intrigue ? Je le demande en grâce, soyons des hommes graves, prenons le suffrage universel pour ce qu'il est, un

moyen à la fois grossier et efficace de résoudre les
questions politiques, et parlons-en avec respect,
mais sans exubérance.

———

Je viens de m'exprimer comme si le suffrage
universel s'était prononcé en faveur de la révision
de la Constitution ; de fait, il n'en est rien. Le suffrage universel n'est point en cause. Les auteurs
du mouvement révisionniste sont les comités électoraux, ce qui est fort différent. Si les comités électoraux se prennent pour le suffrage universel, s'ils
se donnent pour tel, et si on les prend pour ce
qu'ils se donnent, c'est en vertu d'un malentendu
profond, et c'est précisément là ce qui fausse si
gravement la situation.

La masse de la population de tout pays est natu-
rellement absorbée par la lutte pour l'existence, par
son travail ou son négoce. La politique tient peu de
place dans ses pensées, et, si l'on veut être tout à
fait sincère, on reconnaîtra même que la politique,
pour les classes dont je parle, est presque toujours subordonnée aux intérêts. Le gouvernement
que préfèrent l'ouvrier et le marchand est celui
qui leur assure le mieux le fruit de leur labeur.
Voilà pour le gros de la population. Mais il est en
même temps, et en France plus peut-être que par-
tout ailleurs, des hommes qui s'occupent de poli-

tique par goût, et qui en font une affaire principale de leur vie. Cela tient à un grand nombre de
causes. Je n'ai garde de méconnaître les généreux
besoins de liberté et la préoccupation plus louable
encore du bien public. Il faudrait cependant être
bien prévenu pour s'imaginer que les sentiments
élevés soient seuls en jeu dans les agitations de la
politique locale. Ayant peu de lecture, et, sans
doute aussi, peu de temps pour la lecture, les
hommes qui jouent un rôle dans ces agitations ne
goûtent guère les livres ; ils préfèrent le journal où
ils trouvent à la fois des discussions à leur portée et un excitant énergique. La politique des
journaux a, en effet, cet avantage qu'elle ne demande pas de connaissances préalables, qu'elle
n'exige pas beaucoup d'attention ni de réflexion,
et qu'elle met les passions de la partie. La politique, d'ailleurs, ne finit pas avec la lecture du
journal. Elle fournit des sujets de conversation
sans fin après le travail du jour, entre la tasse de
café et la partie de dominos. Elle ouvre un champ
à l'exercice de facultés argumentatives et oratoires
qui n'auraient jamais eu autrement l'occasion de
se révéler. Elle met en évidence le patriotisme un
peu déclamatoire de celui-ci, la sagesse un peu
fûtée de celui-là. Il ne se peut qu'il n'y ait dans
une communauté bien des frottements avec l'autorité, des griefs contre le maire, le préfet, le curé,
et les débats politiques deviennent tout naturelle-
ment le moyen d'exhaler l'indignation, de nourrir

les ressentiments et de préparer la vengeance.
Sans compter les associations, les réunions publiques, les batailles électorales, toutes les occasions où un citoyen goûte la satisfaction tout ensemble
de remplir ses devoirs envers le pays et de mani-
fester son importance personnelle.

Je ne fais pas une caricature. Je ne songe pas
plus à me moquer qu'à m'indigner, n'ignorant pas
de quoi sont faites les choses humaines. Ce que
je demande c'est la permission de ne pas prendre
au pied de la lettre les moyens de polémique et les
fictions oratoires dont les partis cherchent à se
tromper eux-mêmes, tout en sachant assez bien au
fond à quoi s'en tenir. Les lignes qui précèdent
ne sont que la genèse exacte du comité électoral.
Le comité électoral est la réunion des politiques
de l'endroit, forts du mandat qu'ils se sont donnés
à eux-mêmes, et s'occupant du choix des candidats qu'ils jugent dignes de la députation. Les
élections sont, en effet, les grands jours des
citoyens qui font métier de politique. C'est alors
qu'ils sentent leur dignité, qu'ils savourent leur
puissance. En tout autre temps ils sont un peu
jetés dans l'ombre par la gloire supérieure de leur dé-
puté, mais au moment des élections ils redeviennent
les maîtres, décident des questions à mettre à
l'ordre du jour et des personnes sur qui porteront
les choix. Première cause de verdeur dans la ré-
daction des programmes : on veut tenir la dragée
haute aux candidats; on savourera d'autant mieux

son autorité qu’on leur aura fait accepter des conditions plus incommodes.

Rendons-lui d’ailleurs cette justice : c’est la nature même des choses qui voue le comité électoral à la politique remuante. Le politique de profession est nécessairement un homme ardent, la vivacité des sentiments pouvant seule expliquer le temps qu’il donne à des affaires dans lesquelles il n’a pas d’intérêt direct. Sauf dans les crises nationales où le besoin de sécurité suscite des enragés de modération et de réaction, le citoyen qui s’occupe activement de la chose publique y est porté par le besoin de mouvement et d’émotion. Or, ce besoin, là où il existe, n’est pas aisément satisfait. Il lui faut sans cesse de nouveaux aliments. Le politicien est toujours en quête de questions, et le comité électoral toujours en quête d’agitation. Ils sont nécessairement novateurs, il penchent fatalement vers le radicalisme, ils deviendront facilement révolutionnaires.

Les dernières élections sont un exemple frappant de l’exactitude de cette analyse. Il n’y avait pas une seule question politique devant le pays. Encore troublée de ses souvenirs, encore émue des efforts auxquels elle avait été obligée et des secousses qu’elle avait éprouvées, s’exerçant au fonctionnement de ses nouvelles institutions et reconnaissant, avec un mélange de bonheur et de surprise, que la forme républicaine était compatible avec la prospérité publique, la France ne demandait qu’à jouir un peu de ce sentiment de sécurité auquel elle avait été longtemps étrangère. Mais non, les comités étaient là avec des besoins tout contraires, redoutant le vide et l'ennui d'une politique d'affaires, ne pouvant plus désormais se passer de l'excitation des luttes qui avaient fait des dix dernières années un drame perpétuel. Une fois dans cette disposition, les prétextes ne pouvaient manquer. Aucune question n'était posée par le pays : on n'en était que plus libre d'en soulever une. N'y avait-il pas la constitution, imparfaite comme toutes les constitutions, une vraie mine de réformes à entreprendre ? Le Sénat n'avait-il pas fait acte de résistance à la Chambre des Députés ? Ne se donnait-il pas des airs de supériorité ? Cette chambre haute n'avait-elle pas une saveur d'aristocratie ? M. Gambetta, enfin, dans un moment de colère, ne l'avait-il pas désignée aux coups ? Il n'en fallait pas tant pour déterminer un mouvement. La révision devint le mot d'ordre des comités ; elle fut mise en tête de la plupart des programmes, imposée à la plupart des candidats, et, sauf un très petit nombre de très honorables exceptions, acceptée par des infortunés qui, forcés de choisir entre leur soumission et leur élection, n'ont pas eu de peine à se persuader qu'une constitution, après tout, est chose essentiellement perfectible.

J'ai dit comment la question de la révision était née et combien le mouvement d'opinion qui s'est produit à ce sujet me semble factice. Mais l'agitation dont il s'agit est-elle seulement vaine? N'a-t-elle pas d'autre gravité que les vices d'organisation politique qu'elle met au jour? Je crains bien qu'elle ne soit, au contraire, grosse d'embarras pour le présent et de menaces pour l'avenir.

Voici qui est admirable! On se plaint que le Sénat tel qu'il est constitué émette des votes contraires à ceux de la Chambre sur des questions d'intérêt public, telles que la loi de l'instruction obligatoire, ou sur des questions qui concernent spécialement la députation, telles que le scrutin de liste, et l'on veut que ce même Sénat modifie ses propres conditions d'existence. On lui refuse le moins et on lui demande le plus. Il n'a pas la force ou la docilité nécessaires pour faire un sacrifice d'opinion, et on attend de lui assez d'héroïsme pour enfoncer l'acier dans sa propre chair!

Mais voici un bien plus grand sujet de surprise encore. Les amis de M. Gambetta attendent depuis longtemps le moment où il se croira en mesure d'accepter le pouvoir. Ce jour est arrivé. Il excite bien quelques inquiétudes. Il laisse entrevoir certaines difficultés : difficultés dans le choix des hommes qui devront servir de collaborateurs au futur président du Conseil, difficultés dans la sélection des mesures qui devront former le programme ministériel, difficultés dans la constitution et la

conduite d'une majorité qui est encore à créer. Et
c'est dans ces circonstances, à la veille de ces embarras de toutes sortes, que les meilleurs amis de
M. Gambetta, ceux qui lui tiennent de plus près,
se plaisent à revenir sans trève ni merci sur la
révision. Ils nous en cornent les oreilles. Il n'y a
pas d'autre question pour eux. Il semble qu'ils
devraient s'étudier à débarrasser le terrain, sous les
pas de leur chef politique, de toute complication
inutile, et au lieu de cela ils ont l'air de vouloir
lui offrir, en don de joyeux avénement, une
crise constitutionnelle.

Car, enfin, il est douteux que le Sénat, tel du
moins qu'il est aujourd'hui composé, se montre
disposé à satisfaire les révisionnistes. On aura beau
user tour à tour de la flatterie et de la menace,
il est à craindre qu'il ne regarde comme une im-
pertinence cette tentative d'ingérence d'une Chambre chez l'autre. Les Députés, eux, supporteraient-
ils patiemment que le Sénat leur envoyât une proposition de substituer le scrutin de liste au mode
actuel de leur élection? Et si le Sénat refuse
d'obtempérer à la demande qu'on lui fera de modifier ses conditions d'existence, — que cette
demande lui soit adressée par une résolution de
la Chambre ou par un projet de loi du gouvernement, — il n'y a pas de moyen de l'amener à la soumission. La responsabilité d'une crise ministérielle
ne saurait l'émouvoir puisqu'il est entendu que le
Sénat ne fait ni ne défait les ministères. J'ignore

si la résistance du Sénat provoquerait des tentatives de pression révolutionnaire ; je n'en serais pas
étonné, voyant des journaux tenus à plus de pru-
dence faire si maladroitement appel en cette cir-
constance à la souveraineté du suffrage populaire ;
mais ce qui est certain, c'est qu'il n'existe pas de
procédé légal pour sortir du conflit qu'on aurait
soulevé entre les deux grands corps de l'État. On
avouera qu'un ministère Gambetta ne pouvait dé-
buter sous de plus maussades auspices.

On espère éviter de si fâcheuses extrémités grâce
au renouvellement partiel qui doit, au commencement de l'année prochaine, modifier la composition du Sénat. Les comités électoraux rempliront
de nouveau, à cette occasion, le rôle qu'ils ont
joué dans les élections de la Chambre. Les candidats aux fauteuils sénatoriaux seront invités à
choisir entre l'engagement de souscrire à la révision et l'inconvénient d'être combattus par les comités républicains, et il est à croire que la plupart feront comme les députés et se déclareront
révisionnistes. Cela leur pèsera peut-être un peu,
mais combien ne serait-il pas plus désagréable
de s'être porté candidat et d'échouer ! On viendra,
du reste, à leur secours. On atténuera les scru-
pules qu'ils pourraient se faire, en limitant les

points sur lesquels portera la révision. On laissera
de côté les attributions de la haute Assemblée,
on respectera peut-être même l'inamovibilité, et
l'on se contentera de proportionner le nombre des
délégués des communes au chiffre des populations.
Dans ces conditions, je le reconnais, il ne serait
pas impossible qu'il se formât sur les bancs du
Sénat une majorité révisionniste et que M. Gambetta, en arrivant aux affaires, parvînt, sans trop
de peine, à se débarrasser de la difficulté dont sa
propre imprudence et le faux zèle de ses amis ont
encombré les avenues du pouvoir. Mais est-ce à
dire pour cela que tout serait fini? Que la question
serait résolue? Que la révision disparaîtrait du plan
de campagne de l'opposition radicale et des programmes des comités? Pour un temps, sans doute,
mais pour un temps très court. Bien loin de vider
la question on n'aurait fait que la poser plus
explicitement; bien loin de la fermer, on l'aurait
ouverte. C'est que la révision de la loi sénatoriale
n'offre aucun point d'arrêt sérieux. Il n'est pas une
des raisons invoquées contre telle ou telle partie de
l'institution qui n'atteigne son existence même. Vous
voulez établir le principe numérique dans les délé-
gations des communes, mais pourquoi, si ce n'est
par déférence pour des idées de justice abstraite
et de symétrie, que blesse tout aussi bien la différence entre le sénateur élu et le sénateur inamo-
vible? Vous voulez modifier la composition du
Sénat afin qu'il ne puisse plus se mettre en travers

des décisions de la Chambre, lui enlever les attributions budgétaires, lui retirer le droit de dissolution : à merveille, mais quand vous lui aurez ôté tous les moyens de contrôle effectif, comment ne pas voir qu'un pareil Sénat ne sera plus que la cinquième roue d'un char et ne saurait conserver de place dans un système qui se pique de logique ?

La question de la révision une fois ouverte ne se refermera plus. Elle offre un sujet trop commode de déclamation et un moyen trop commode d'agitation pour que les partis la laissent tomber. Chaque fois qu'on aura besoin d'un cri de guerre ou d'une plate-forme d'opposition, c'est à la révision qu'on aura recours, et à la révision des articles relatifs au Sénat, aussi longtemps qu'il y aura un Sénat. Mais, je l'ai dit, il n'y a pas de raison pour que le Sénat et tout le reste n'y passe pas. Une fois la mesure de syllogisme et du compas appliquée à des institutions, elles sont bien malades. Une fois la santé sociale cherchée dans des redressements de textes au lieu d'être demandée au simple et mâle exercice des droits acquis, un peuple s'est livré à un terrible maître et qui le mènera loin. A moins pourtant que ce peuple ne se lasse en route, ne se retourne avec colère contre les charlatans auxquels il avait abandonné les rênes, et, comme il arrive dans ces cas-là, ne renverse le char par-dessus le cocher.

La futilité des griefs allégués contre le Sénat; la futilité même des réformes pour lesquelles on réclame l'intervention du Congrès; la facilité avec laquelle les candidats ont souscrit à ce qu'on exigeait d'eux; les autres propositions radicales qui ont pris place dans les programmes et qui, bien que touchant à tout, magistrature, armée, église et finances, n'ont guère rencontré plus de résistance que la révision; l'action des comités électoraux, voués à la politique immodérée et dont l'intervention fausse le suffrage universel; la progression chaque jour plus sensible des idées et des propositions dans le sens radical: tels sont les symptômes qui m'alarment et dont la révision n'est à mes yeux que le plus significatif. Je ne puis m'empêcher d'être inquiet en voyant la rapidité avec laquelle nous brûlons les étapes sur la route qui mène à la réalisation de l'idéal révolutionnaire. C'est l'œuvre de 1875, c'est la république telle qu'elle a été fondée il y a six ans qui me paraît être en cause.

J'entends d'ici la réponse : « Sans doute ! s'écrie le radicalisme, et il faut bien vous y accoutumer, car vous en verrez bien d'autres. Vous avez voulu, il y a six ans, faire la république sans les républicains, la faire même contre eux: eh bien, il s'agit aujourd'hui de faire la république républicaine. Vous avez, de plus ou moins bon gré, fondé un régime de suffrage universel, par conséquent démocratique : de quoi vous plaignez-vous si nous

cherchons à tirer les conséquences d'un principe
que vous avez posé ? »

On voit que je ne cherche pas à affaiblir le langage
qui nous est tenu. C'est que la question, en effet,
me semble assez bien posée en ces termes. Il est très
vrai que deux conceptions de la république sont en
présence. La république de 1875 a été faite par des
hommes qui n'étaient point républicains de la
veille, qui ne voyaient dans ce régime qu'une
forme de gouvernement, et qui la préféraient
beaucoup moins en vertu de raisonnements spécu-
latifs que par de simples vues de patriotisme, dé-
sirant donner des institutions à leur pays et esti-
mant que les circonstances ne leur laissaient pas
le choix. Ce qu'ils ont entendu fonder, c'était une
république policée, ne tranchant pas plus que de
raison sur les institutions des autres pays, capable
de tenir sa place parmi eux, un État entre les autres États de l'Europe, et n'en différant guère que par
le roi qu'il n'avait pas et le suffrage universel qu'il
avait. Le reproche d'avoir rêvé une république
entourée d'institutions monarchiques n'est donc
pas, à mon sens, tout à fait injuste. Il exprime
assez bien, sinon ce qu'on a voulu, du moins ce que
l'on a fait. Preuve en est le régime parlemen-
taire qu'on a adapté au nouvel établissement,
et dont il s'est du reste assez bien accommodé
jusqu'ici.

Tout autre est la conception révolutionnaire, et
je crains bien que la plupart des républicains de

la veille, des républicains de foi et de principe, ne soient dominés à leur insu par cette idée. Plusieurs choses concourent à leur faire considérer la république comme un gouvernement *sui generis*, comme un système sans rapports avec celui qui prévaut dans les autres grand États européens, n'obéissant qu'à ses lois propres et n'ayant à consulter que son génie particulier. Les souvenirs de la première révolution sont pour beaucoup dans cette manière de voir. Les républicains de la vieille roche sont en général des admirateurs de la Convention, à laquelle ils pardonnent de grands crimes et un avortement manifeste en faveur d'une sombre inspiration qu'ils prennent pour de l'héroïsme. Rien de plus commun que la confusion de ce qui est forcené avec ce qui est fort. Quatre-vingt-treize est donc resté, pour le républicanisme avancé, l'époque sublime de notre histoire et la tradition en même temps à laquelle il aime renouer. Un autre élément du républicanisme radical est le penchant que j'ai signalé pour les choses logiques, les idées abstraites et les propositions absolues. Ayant rompu avec le passé national qui, dans d'autres pays, forme un élément de résistance à la tyrannie des conceptions purement rationnelles, nous sommes livrés sans contre-poids à leur despotisme, nous ne savons invoquer que la rigueur des déductions, les exigences de la symétrie ou les splendeurs de l'idéal. Le radicalisme, il faut le reconnaître, est dans le sang français.

Nous devenons tous, avec notre culture superficielle, les complices de l'abstraction politique. Comment les novateurs n'auraient-ils pas beau jeu avec une méthode telle que le syllogisme, des prémisses telles que le suffrage universel, et un public toujours prêt à oublier que rien dans ce monde ne souffre d'être poussé jusqu'au bout de son principe?

On se tromperait si l'on supposait, parce que je parle ainsi, que j'ai la peur des mots ou la superstition des formes. Je suis, au contraire, de ceux qui admettent la liberté illimitée des théories. Chacun, à mon avis, a le droit de concevoir la société à sa manière, de placer l'idéal où il lui plaît, fût-ce dans la civilisation chinoise. Il y a mieux, je ne suis pas du tout persuadé que tel ne soit point l'avenir de l'humanité. Le programme radical a beau me répugner, je ne me dissimule pas qu'il dérive légitimement des principes en faveur, et je suis trop habitué à voir les fatalités logiques prévaloir sur les données du bon sens et de l'expérience pour lui dénier toute chance de réalisation. Je ne lui conteste même pas le droit de prendre le nom de progrès, n'ayant la superstition ni du nom, ni de la chose. Pourquoi serais-je tenu au respect du progrès plutôt que de toute autre loi naturelle? La terre est un astre détaché du soleil et qui va se refroidissant : suis-je obligé d'admirer l'opération des causes qui la laisseront un jour tournant, morte et glacée, dans son funèbre orbite ? Et qui me dit qu'un corps social ne peut pas se refroidir aussi, ni une nationalité mourir ?

Encore une fois, chacun son goût. Je n'en veux au radicalisme, ni de la constitution qu'il préfère, ni des innovations qu'il préconise. Ce que je lui reproche, ce qui me révolte dans ses entreprises, c'est l'oubli des conditions particulières où se trouve notre pays.

La politique radicale a un gros défaut, elle n'est pas de la politique. Elle travaille dans l'absolu, tandis que la conduite des nations est tout entière du domaine du relatif. Le gouvernement d'un peuple consiste à concilier des opinions, à ménager des passions, à accorder des intérêts, à tenir compte des habitudes, des progrès, des travers, Il a affaire, non à l'homme tel qu'il devrait être, lequel n'existe nulle part, mais à l'homme tel qu'il est, c'est-à-dire à un être souvent borné, ignorant et corrompu. Nos Chambres françaises, pour nous en tenir à la France, ne font pas des lois pour une élite de citoyens éclairés par l'étude, ou même d'ouvriers mis au courant des questions par la lecture des journaux, et dont l'intelligence s'est aiguisée dans les discussions de l'atelier. Elles ne doivent pas avoir en vue Paris seulement et quelques autres grandes villes, ou les villes en général à l'exclusion de la campagne. C'est pour la

France entière que le gouvernement gouverne et que le parlement légifère. Or, la France est très vaste, les régions en sont très diverses, les différences de race y sont considérables, les besoins y varient d'une province à l'autre, la difficulté de tenir compte de tous ces éléments est par conséquent fort grande, et telle doit être cependant la plus constante préoccupation des pouvoirs publics.

Oh! les abstractions! ce sont elles qui perdent la politique. On parle du pays et on le fait parler avec une assurance qui me confond. Le pays a dit ceci, le pays veut cela. Je suis toujours tenté de demander à ceux qui s'expriment ainsi comment ils font pour être si sûrs de ces choses-là. Passe quand il y a un vote, et encore! Mais dès qu'il s'agit des besoins et des vœux d'un si grand peuple, ne ferait-on pas bien d'intégrer un peu les quantités abstraites, d'introduire quelques distinctions dans les jugements universels, de se rappeler que la France a ses diversités et ses disparates, qu'elle va de la Flandre jusqu'à la Provence et des Vosges jusqu'aux Charentes, qu'elle a des provinciaux aussi bien que des Parisiens, des paysans attachés au sol aussi bien que des ouvriers embrigadés dans les usines? L'homme politique devrait faire comme Napoléon qui avait toujours ses états d'armées sur sa table : il lui faudrait avoir constamment présente à la pensée la complexité de la tâche dont il est chargé.

Il lui faudrait, en particulier, ne jamais perdre
de vue la distinction entre ce que j'oserais appeler
le pays actif et le pays passif. J'entends par pays
actif les hommes dont je parlais au commencement
de cet écrit, qui s'occupent de politique par
goût, qui s'en sont fait une seconde profession à
côté de celle à laquelle ils demandent leurs
moyens d'existence, qui se mettent en avant toutes les fois qu'un intérêt public leur en fournit l'occasion, et de qui se composent naturelle-
ment ces comités électoraux que nous avons vus
prendre une part si importante aux dernières élections. Ces hommes, en s'occupant ainsi des affaires
du pays ne font qu'user de leur droit; je dis plus,
ils remplissent un devoir, ils donnent un exemple
digne d'imitation à ceux de leurs concitoyens qui
ne songent aux intérêts publics que le jour de
l'élection, ne se rendent au scrutin que par acquit
de conscience, ou saisissent le premier prétexte
pour s'abstenir.

Il n'en est pas moins vrai que ces derniers, pour
être de médiocres citoyens, sont des électeurs, que
leur nombre est grand, que, dans certains cas, ils
peuvent trouver bon de parler, et qu'ils comptent
ces jours-là pour autant que les politiques de pro
fession.

Qu'on ne s'indigne pas contre cet état de choses,
car il est inévitable. La responsabilité en remonte
au suffrage universel même. Comment espérer que,
dans un pays tel que le nôtre, avec les diversités de

classes, de races et de métiers qui y règnent, tous les habitants soient aptes à s'occuper de la chose publique? Toute institution politique a ses fictions, et la fiction du suffrage universel est de supposer chez tous une aptitude égale à exercer des droits dont l'exercice exige au contraire des loisirs, des lumières et des goûts qui ne sont rien moins qu'universels. La conséquence en est qu'un grand nombre de citoyens restent dans un état de minorité politique et d'abdication volontaire. Ils laissent faire les zélés. Ainsi s'étend, sous la couche des électeurs actifs, la grande stratification du pays passif. Ainsi s'explique aussi et se justifie jusqu'à un certain point le rôle des comités. Il est naturel que là, où il y a des masses qui se laissent mener, il y ait des gens de bonne volonté qui se constituent meneurs. L'inconvénient c'est qu'une pareille situation crée une illusion, et que cette illusion crée un péril.

Je continue à prendre les choses, non comme elles sont dans les argumentations de la polémique et les déclamations de la tribune, mais comme elles sont dans la plus indiscutable réalité. Le pays passif, que je viens de décrire, n'est pas si passif qu'il ne se réveille quelquefois. Il arrive précisément en raison de son indifférence, de son laisser-faire habituel, que les politiciens auxquels il a tacitement laissé la conduite de la chose publique méconnaissent la nature du mandat implicite dont ils sont chargés. Livrés, sans que rien les arrête, à leurs penchants naturels, entraînés par les rivalités de partis et le besoin de stimulants toujours plus énergiques, ils vont enchérissant les uns sur les autres. Tout à leurs idées ou à leurs passions, ils ne songent jamais à se retourner pour voir s'ils sont suivis. Ou plutôt ils ont oublié qu'il y a autre chose qu'eux en France. Ils se sont persuadés qu'ils sont le pays. Ils en arrivent ainsi et très vite à dépasser l'opinion moyenne, à se mettre en désaccord avec les instincts des masses. Or, justement parce que ces masses sont inertes, leur force de résistance ou de contradiction, une fois éveillée, est considérable. La tendance presque invincible des politiciens est de fatiguer le suffrage universel, de l'agacer, et alors, ma foi, le suffrage universel se cabre et gare les réactions !

J'avoue que je ne comprends pas la stolidité (pardon du latinisme, mais j'ai besoin du mot) avec laquelle nos avancés négligent des éventualités aussi graves. Ce ne sont pourtant pas les exemples qui nous manquent. Notre histoire en est semée depuis bientôt cent ans, et ces exemples auraient dû nous convaincre que les Français ne sont pas un peuple de Gracques et de Brutus. La façon

même dont la présente République s'est établie
n'est nullement faite pour nous permettre ces illu-
sions. Ce qui est vrai, c'est que la nation est en
général satisfaite du régime sous lequel elle vit
aujourd'hui. Après quelques hésitations elle s'y est
ralliée, non seulement franchement mais cordia-
lement, exprimant par ses votes le désir qu'aucune
révolution nouvelle ne vînt remettre en question
la forme du gouvernement. Les votes de la France
depuis dix ans, si je les comprends bien, sont des
votes conservateurs et qu'il serait singulièrement
dangereux, par conséquent, d'interpréter comme
une autorisation de tout se permettre en fait d'inno-
vation. J'ai dit qu'on abusait du droit de parler au
nom du pays, mais pour ceci je me crois autorisé
à l'affirmer : le pays ne demande qu'une chose,
c'est qu'on le laisse tranquille.

Il est deux faits que tout le monde a l'air de se
donner le mot pour oublier, et que je voudrais au
contraire rappeler perpétuellement au souvenir des
hommes politiques. Le premier, 1848, si vite devenu 1849, — 1849, si vite devenu 1851, — la divi-
sion des esprits, les animosités des partis, les inep-
ties révolutionnaires, les réactions follement provo-
quées, le gâchis législatif sorti de tout cela, et la
nausée montant à la gorge du peuple, la lassitude
générale se transformant en scepticisme et en dé-
goût. Le second fait, qu'il ne faudrait jamais non
plus perdre de vue, c'est l'Empire avec ses trois
plébiscites, avec ses six et sept millions de suffra-

ges. Quiconque veut sincèrement, honnètement, savoir ce qu'est la nation française, n'a pas le droit d'oublier ces humiliants souvenirs. On peut es expliquer, chercher à en atténuer la portée, on ne peut en faire abstraction : ils restent là, un amer et salutaire avertissement !

Au nom du ciel, que la troisième république n'en soit jamais réduite à choisir à son tour entre les misères de l'anarchie et les hontes de l'abdication ! Qu'on ne surmène pas, qu'on n'inquiète pas, qu'on ne rebute pas la France ! Que deviendrions-nous si la dernière tentative avortait comme les précédentes ? Le pays serait-il de force à surmonter une nouvelle crise ? Ce que le radicalisme met en jeu dans son épouvantable aveuglement, n'est-ce pas l'existence nationale même ?

La troisième république a tout particulièrement charge d'âmes. Elle a pris l'engagement tacite de nous assurer l'ordre, la prospérité, le repos. Si elle manque à ses promesses, le pays, tôt ou tard, cherchera autre chose, et dans ces cas-là il se trouve toujours autre chose. Le pays ne demande pas à gouverner : un pays ne gouverne pas ; il demande à être gouverné et bien gouverné, et si on le harasse et le tracasse, il balaiera un jour du revers de la main tous les charlatans, tous les tribuns, tous les fanatiques d'absolu qui le prennent pour marchepied de leur ambition ou pour sujet de leurs expériences. Sera-ce pour s'arrêter à une autre forme quelconque de gouvernement ?

Ne sera-ce pas plutôt, devenu incapable de toute
stabilité, pour continuer à aller, par besoin
d'ordre à la dictature, par besoin de liberté à la
révolte, et pour se consumer ainsi dans la fièvre
révolutionnaire ?

Je n'ai garde de méconnaître la difficulté du
remède. Nous sommes comme enfermés dans un
cercle vicieux. Si le pays, dans son fond, est con-
servateur, pourquoi ne le montre-t-il-pas? Et si les
républicains modérés n'ont pas assez de convic-
tion ou de zèle pour faire opposition au radicalisme,
quel moyen nous reste-t-il de résister à cette folle
enchère des partis se disputant l'honneur des propositions aventureuses? Il n'est que trop vrai :
tandis que le politique de profession glisse presque
fatalement sur la pente révolutionnaire, le conser-
vateur ne semble guère moins condamné, par un
effet de son tempérament même, à laisser le champ
libre à ceux qu'il désapprouve. Que de fois n'a-t-
on pas cherché à stimuler l'inertie des citoyens
paisibles, des libéraux éclairés! Avec quelle force
ne leur a-t-on pas représenté le devoir de s'orga-
niser eux aussi, de payer de leur personne, d'opposer discours à discours, comités à comités, l'agitation à l'agitation! Et toujours en vain. Sauf les
grandes occasions dont j'ai parlé, lorsque le dan-

ger est devenu imminent ou que l'indignation déborde, les efforts sont mous, sans suite ; on n'y sent que des convictions négatives. Si donc il nous reste quelque espoir dans le péril dont nous menacent aujourd'hui les idées anarchiques, c'est d'un autre côté que nous devons tourner les yeux. Il faudrait que la résistance vînt de l'opinion avancée elle-même. Il y a, en effet, des hommes, dans ce camp, qui se sont déjà distingués par une rupture honorable avec les traditions de la secte. Républicains de la veille, une fois qu'ils se sont vus en possession de la République, ils ont compris quelle folie ce serait que d'en risquer de nouveau l'existence. Élevés dans l'étude et la pratique des moyens révolutionnaires, ils ont senti qu'il fallait clore la période des révolutions si l'on voulait clore celle des réactions. On les a vus, lors de la constitution de 1875, s'appliquer à refaire l'éducation de leur parti, persuader à des esprits jusque-là esclaves de l'absolu que la politique a pour premier devoir de réussir, et qu'elle ne réussit qu'à la condition de se contenter du possible. C'est une illumination semblable de la grâce que nous voudrions voir éclairer aujourd'hui les auteurs de cette mémorable évolution. Auront-ils le courage de faire front contre l'esprit d'aventure et de chimère ? Auront-ils la puissance de ramener au sérieux de la politique ceux qui, par ignorance ou par faiblesse, sont devenus les complices des innovations malsaines ? Auront-ils l'autorité nécessaire pour substituer le progrès réel à la stérile poursuite de la perfection des formules? Auront-ils, enfin, ce qui est la condition de tout le reste, l'enthousiasme de la conservation sociale, quelque chose de cette sainte passion, de cette flamme de mépris pour la sottise et la turbulence, qui animait Casimir Perier, et qui fit de lui le sauveur de la révolution de Juillet? Je l'ignore, mais tels sont bien les termes de la question. Il s'agit encore aujourd'hui d'empêcher une révolution de se dévorer elle-même. Il s'agit de savoir si la République de 1875 restera habitable ou deviendra une bousingotière.

Novembre 1881.

PARIS. — IMPRIMERIE CHAIX, 20, RUE BERGÈRE. — 20944-1.